Klaus G. Förg

Traumhafter Gardasee

Klaus G. Förg

Traumhafter Gardasee

Texte von Georg Weindl

rosenheimer

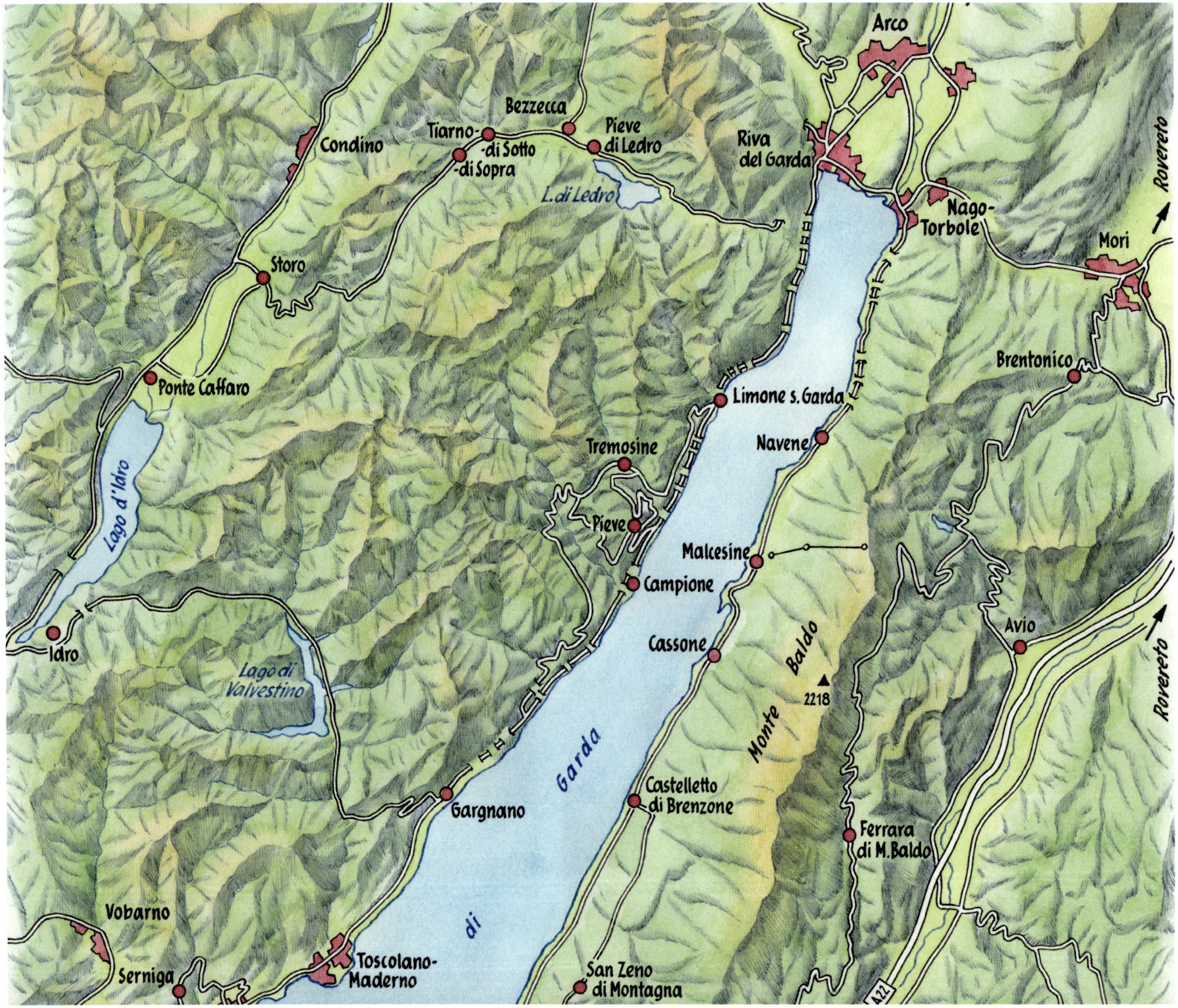
Arco
Bezzecca
Tiarno-
-di Sotto
-di Sopra
Pieve
di Ledro
Riva
del Garda
Condino
L. di Ledro
Nago-
Torbole
Rovereto
Mori
Storo
Brentonico
Ponte Caffaro
Limone s. Garda
Navene
Tremosine
Lago d'Idro
Pieve
Malcesine
Campione
Avio
Idro
Cassone
Lago di
Valvestino
Monte Baldo
2218
Rovereto
Garda
Castelletto
di Brenzone
Gargnano
Ferrara
di M. Baldo
di
Vobarno
Toscolano-
Maderno
Serniga
San Zeno
di Montagna
A22

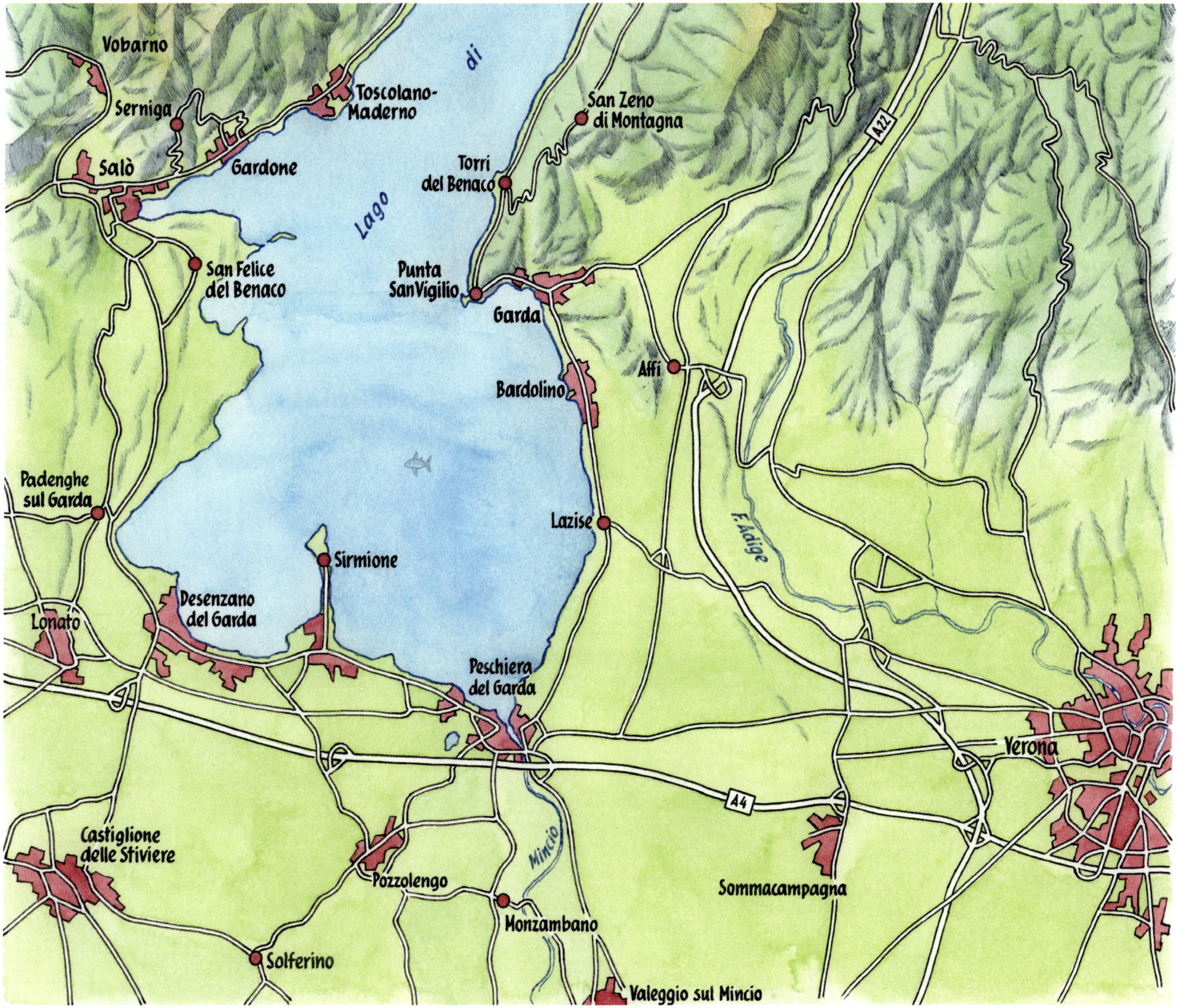
Lago di
Vobarno
Serniga
Toscolano-Maderno
Salò
Gardone
San Zeno di Montagna
Torri del Benaco
A22
San Felice del Benaco
Punta SanVigilio
Garda
Affi
Bardolino
Padenghe sul Garda
Lazise
F. Adige
Sirmione
Desenzano del Garda
Lonato
Peschiera del Garda
Verona
A4
Castiglione delle Stiviere
Mincio
Pozzolengo
Sommacampagna
Monzambano
Solferino
Valeggio sul Mincio

Eine Gedenktafel in Sirmione erinnert an den Aufenthalt von Johann Wolfgang von Goethe am 12. September 1786. Der berühmte Dichter war ein glühender Verehrer des Gardasees.

Der Gardasee

Welches Urlaubsziel kann das schon bieten? Romantiker, Naturliebhaber, Freunde guten Weins und feiner Küche und neuerdings auch Freizeitsportler: Sie alle lieben den Gardasee auf ihre Weise. Aus gutem Grund, denn der See hat für fast jeden Geschmack etwas zu bieten. Im Norden bei Riva und Torbole sind Surfer und Mountainbiker zu Hause. Das Westufer mit den Weinorten Bardolino, Garda und Lazise ist trotz seiner Betriebsamkeit besonders für gastronomisch ambitionierte Reisende lohnenswert, und zwar nicht zuletzt wegen der zahlreichen Olivenölproduzenten. Wer unberührte Landschaft und Einsamkeit vorzieht, kann auf die Höhenzüge in der Gegend des Monte Baldo flüchten. Das Südwestufer rund um Salò und Fasano gefällt durch italienische Eleganz, durch seine herrschaftlichen Villen und durch die verborgenen Siedlungen am Hochufer, wo man grandiose Ausblicke auf den See genießen kann. Weiter nördlich, oberhalb der beiden Orte Toscolano und Limone, entlang des schroffen Westufers erfreuen sich Naturliebhaber der bizarren, wildromantischen Landschaft. Gerade der westliche Teil des Sees hat schon früh viele Besucher angezogen und fasziniert. Darunter gab es auch zahlreiche prominente Reisende.

»Nun aber kann die Herrlichkeit dieser neuen Gegend durch Worte nicht dargestellt werden.« Wer dies über die Schönheit des Gardasees geschrieben hat, war zweifelsfrei keiner, dem es an Worten und Ausdrucksmöglichkeiten mangelte. 1786 befand sich Johann Wolfgang von Goethe auf seiner Italienischen Reise, und den Abstecher zum See auf dem Weg nach Verona hat er ganz offensichtlich nicht bereut. Seine Art, das Gewässer zu erkunden, dürfte heute allerdings kaum noch Nachahmer finden. Einmal ließ er sich um drei Uhr morgens von Torbole auf den See hinausrudern, um die spezielle Schönheit der Landschaft zu erleben. Paul Heyse verbrachte bis 1910 fast drei Jahrzehnte so gut wie jeden Winter am Gardasee. Henrik Ibsen, Stendhal, Friedrich Nietzsche und Franz Kafka weilten hier, um nur einige zu nennen. Dabei entwickelte sich der Tourismus erst spät. Im Mittelalter war die Gegend vor allem landwirtschaftlich bedeutsam. Zitronen und Orangen, aber auch die Fische vom Gardasee galten im Norden als Delikatesse. Kein Wunder, schließlich gab es keinen vergleichbaren Ort, der so nah war und gleichzeitig die begehrten Früchte mediterraner Vegetation liefern konnte. Vor rund 100 Jahren entwickelte sich ein veritabler Kurtourismus nicht nur im Norden um Arco und Riva, sondern auch entlang des Südwestufers. In dieser Zeit entstanden herrschaftliche Gebäude, die oft heute noch vornehme, aber auch recht teure Hotels sind. Nicht sehr viel später, genauer gesagt im Jahr 1921, siedelte sich auch Gabriele D'Annunzio an, der als Dichter die Sympathien von Mussolini genoss und dessen einstige Villa »Il Vittoriale degli Italiani« in Fasano noch immer als Sehenswürdigkeit gilt. Sie wird vor allem von Italienern besucht, während sich die deutschsprachige Kundschaft nur wenige Meter entfernt in den Gärten von André Heller tummelt. Der große Andrang blieb jedoch aus, was auch vor allem daran lag, dass es noch keine ausgebauten Uferstraßen gab und sich die Anfahrt recht mühsam gestaltete. Erst Anfang der dreißiger Jahre begann man damit, eine Verbindung von Nord nach Süd zu schaffen. Im frühen 20. Jahrhundert galt es übrigens keineswegs als schick, im See zu baden. Diesem Vergnügen frönte man in den Badehäusern, beliebt war eher das Spazieren im Schatten der Palmen. Ebenso wenig war es populär, Bootspartien auf dem See zu unternehmen.

In Sirmione am Südufer entfaltete sich der Tourismus hingegen schon früh. Zum einen wegen der vergleichsweise einfachen Anreise, die durch keinen Bergzug behindert wurde, zum anderen hatte die vier Kilometer lange Halbinsel mit der mächtigen Burg der Scaliger, den kleinen Gassen in der Altstadt und den endlosen Stränden eine besondere Anziehungskraft.

Modernere Formen der Freizeitgestaltung entwickelten sich insbesondere in der Nachkriegszeit. Was lag damals näher als der Gardasee? Auch wenn es seinerzeit noch keine Brennerautobahn gab, gelangte man mit relativ wenig Zeit- und Geldaufwand in den Süden, genoss Wärme, Palmen und Zitronenbäume und einen Hauch von Dolce Vita.

Nicht alle wissen, dass das Nordufer des Gardasees bis 1918 zu Österreich-Ungarn gehörte. Aus der Zeit des Ersten Weltkriegs gibt es alte Fotos, auf denen Kriegsschiffe vor Riva zu sehen sind. Ein ziemlich schauriges Kuriosum.

Heute ist es am See deutlich friedlicher. Auf über 50 Kilometer erstreckt sich das Gewässer in der größtenteils alpinen Landschaft. Der Norden gehört zum Trentino, der Osten zum Veneto und der Westen und Süden sind ein Teil der Lombardei. Für den Tourismus war diese Aufteilung nicht immer vorteilhaft. Schließlich gilt die italienische Bürokratie nicht gerade als besonders dynamisch und effizient. Doch die Aufmerksamkeit der Urlauber aus dem Norden sollte nicht lange auf sich warten lassen. In den Nachkriegsjahren entwickelte sich der See zu einem Dorado für Wassersportler. In dieser Zeit wurde auch die legendäre Regatta Centomiglia geboren, eine der bedeutendsten Segelregatten Europas, die damals als Gegenstück zum Autorennen Mille Miglia ins Leben gerufen wurde. Letzteres startet ja auch heute noch alljährlich von Brescia aus, das vom Gardasee nicht weit entfernt liegt.

Waren es in den fünfziger und sechziger Jahren noch Busreisende und Familienurlauber, entdeckten in den siebziger und achtziger Jahren die jungen Funsportler den See. Italienische Romantik und zaghafte Ausflüge ins Dolce Vita waren dabei weniger gefragt, wo die Winde am günstigsten waren, ließ man sich nieder. Riva und Torbole sind noch heute die Zentren dieser Gemeinde. Und wenn in Riva alljährlich das große Bike-Festival angesagt ist, überschwemmen Zehntausende von jungen Radlern das Nordufer. Einige Kilometer weiter südlich entdeckten findige italienische Geschäftsleute eine lukrative Marktlücke. Warum nicht ein italienisches Disneyland bauen, dachten sich einige in den siebziger Jahren. Was zur Folge hatte, dass 1975 das Gardaland eröffnet wurde. Im Hinterland bei Lazise ist der riesige Freizeitpark mittlerweile eine der Hauptattraktionen. Und heutzutage spielt es ja auch keine so große Rolle, ob die Attraktionen auch etwas mit der Region zu tun haben. Jedes Jahr kommen über zweieinhalb Millionen Besucher nach Gardaland, um neben vielen anderen Spektakeln das große Delfinarium oder den Moonraker zu bewundern.

Wesentlich ruhiger lebt es sich dann in den Siedlungen am Hochufer. Hier sind die bevorzugten Standorte der Zweitwohnungsbesitzer. Italiener, aber vor allem viele Deutsche haben sich den Gardasee zum Feriensitz erkoren. Aus nachvollziehbaren Gründen, schließlich sind es über die Brennerautobahn nur vier Stunden von München bis ans Nordufer. Und wenn am Wochenende im Norden Regen angesagt ist, was ja nicht so selten vorkommt, dann sind sie unterwegs in Richtung Süden. Gut und gerne 10 000 solcher deutschen Zweitwohnsitze dürfte es Schätzungen zufolge am See geben. Kleine Appartements in Seenähe, komfortable Villen in ruhiger Randlage und, was besonders begehrt ist, alte Bauernhäuser weit oben, wo man die skulpturenhafte Landschaft entlang des Gewässers überblicken kann. Die mediterrane Schönheit und Eleganz sind nach wie vor die Hauptattraktionen. Nicht umsonst, so bestätigen hiesige Makler, sind die deutschen Kunden ganz besonders an Wohnsitzen rund um Salò und Fasano interessiert. Dort, wo die Atmosphäre noch richtig italienisch ist und die Nachbarschaft der verspielten Liberty-Villen der Lage zusätzlichen Glanz verleiht. Es hat einen Hauch von guter alter Zeit, wenn man zum Beispiel in Salò oder in Fasano entlang der Uferpromenade flaniert, sich den frischen Wind ins Gesicht wehen lässt und im Schatten der Pergola einer Bar an einem kühlen Campari nippt. Einen Steinwurf entfernt steht das feine Grandhotel, am Südwesten gibt es weitere Hotels, die diesen Namen verdienen. Und man findet bewundernde Blicke für akkurat gekleidete italienische Senioren, die bei der größten Mittagshitze mit Anzug und Krawatte unterwegs sind und bei denen sich kein einziger Schweißtropfen auf der Stirn zeigt. Gekonnt ist eben gekonnt. Dies ist eine der schönen, nostalgischen Seiten dieses Sees, der dank seiner Vielseitigkeit auch heute noch viel Neues zu bieten hat. Von seiner großen Popularität sollte man sich keinesfalls abschrecken lassen.

Nago liegt etwas oberhalb von Torbole an der Straße nach Rovereto. In früheren Zeiten war es wegen seiner strategisch wichtigen Position bei diversen Eroberungszügen heiß umkämpft.

Der See, eine faszinierende Berglandschaft und sehenswerte Burgen – das ist die nördliche Hälfte des Gardasees, hier bei Malcesine.

Der Norden

Es ist ein Vorurteil, zu glauben, der nördliche Bereich des Gardasees wäre nur noch ein Revier für Surfer und Biker. Zwar wird der Tourismus rund um Riva und Torbole von jungen und jung gebliebenen Freizeitsportlern geprägt, aber die geschichtsträchtigen Orte am Nordufer haben viel mehr zu bieten. Dank der wechselvollen Historie findet der kulturinteressierte Besucher eine Reihe bemerkenswerter Sehenswürdigkeiten. Der Großteil der Reisenden kommt ja über die bequeme, aber relativ reizlose Straße von Rovereto nach Torbole und Riva. Steuert man jedoch den Gardasee von Trient aus über den Lago di Toblino an, begegnet man der mächtigen Burg von Arco, einst Sitz der Grafen von Arco. Im Ursprung soll dort auf dem mächtigen Felsen bereits zu Zeiten der Goten im sechsten Jahrhundert eine Festung gestanden haben. Unter den zahllosen Künstlern, die das mächtige Mauerwerk gemalt haben, ist übrigens auch Albrecht Dürer. Überreste der alten Burg können heute wenigstens zum Teil besichtigt werden.

Besonders beeindruckend ist ein Spaziergang auf den gepflasterten Gassen durch die Altstadt von Arco mit ihren stattlichen Bürgerhäusern und der im Renaissancestil gebauten Pfarrkirche Collegiata am Hauptplatz. Die weitläufigen Parkanlagen und zahlreichen vornehmen Palazzi erinnern an die Zeit vor dem Ersten Weltkrieg, als die Stadt unter der Herrschaft der k. & k. Monarchie zu einem beliebten Kurort avancierte. Ausschlaggebend für diese Entwicklung war, dass der österreichische Erzherzog Albert den Winter in Arco zu verbringen pflegte. Der Besucher erhält einen Vorgeschmack auf die mediterrane Atmosphäre des Gardasees mit seinen zahlreichen Palmenalleen. Einen eindrucksvollen Querschnitt durch die hiesige Vegetation gibt der Botanische Garten Arboreto.

Weitaus weniger idyllisch ist die Weiterfahrt in Richtung See nach Riva. Gewerbegebiete und Supermärkte säumen den Weg zur lebhaften Stadt am Nordufer. Doch auch Riva hat im Kern Interessantes zu bieten. Ein Spaziergang durch die weitläufige Altstadt rund um die Festung, die 1124 von den Scaligern erbaut wurde, um die Piazza 3 Novembre und den Torre Apponale, der einst Teil der Stadtmauer war, dokumentiert die bewegte Geschichte der Stadt eindrucksvoll. Vor rund 2000 Jahren nutzten die Römer die strategisch wichtige Lage des Ortes am Nordufer. Später waren es die Grafen von Arco, die Scaliger und die Bischöfe von Trient, die Interesse an Riva hatten. An die Zeit, als die Venezianer im 16. Jahrhundert den See beherrschten, erinnert noch der Turm einer einstigen Festung etwas oberhalb des Ortes am Monte Rocchetta. Er ist als einziges Relikt geblieben, nachdem die Franzosen 1705 diese venezianische Festung zerstört hatten. Zur Jahrhundertwende ging es dann wesentlich friedlicher zu, galt Riva ähnlich wie Arco als beliebtes Ziel für Kuren und die Sommerfrische. Wie in Südtirol und im Trentino war es für die bessere Gesellschaft aus dem deutschsprachigen Raum besonders schick, zur Erholung in die Berge zu fahren. Zur noblen Kundschaft in Riva gehörten immerhin Thomas Mann, Franz Kafka und Sigmund Freud, die ja die Alpenregion überhaupt gerne bereisten. Freud zum Beispiel kurte nicht nur in Riva, sondern auch in Lavarone im Trentino und am Ritten oberhalb von Bozen. Doch mit der vornehmen Kur ist es schon lange vorbei. Heute kommen vorwiegend Besucher aus dem Norden, Surfer und Biker, aber auch sonnenhungrige Urlauber, die sich an den endlos langen Stränden und den gefälligen Uferpromenaden niederlassen. Ähnliches gilt auch für die benachbarte Ortschaft Torbole. Wo vor über 200 Jahren Goethe mit dem Ruderboot Ausflüge unternahm und von der grandiosen Landschaft tief beeindruckt war, tummeln sich heute vorwiegend Surfer. Dabei sollte man nicht vergessen, dass auch Torbole ein kleines, reizvolles historisches Zentrum hat. Von Torbole aus bietet sich eine etwa halbstündige Wanderung zu der etwas höher gelegenen Ortschaft Nago an. Die Überreste des Castel Penede erzählen von der bedeutsamen Lage des Ortes während der zahlreichen Kämpfe um die Herrschaft am See vom Mittelalter bis in die frühe Neuzeit. Besonders spektakulär muten dabei die Anstrengungen der Venezianer an. Als sie 1438 mit Mailand um die Vorherrschaft stritten, entschlossen sie sich, eine über 30 Schiffe umfassende Flotte über die Etsch an den Gardasee zu transportieren. Für damalige Verhältnisse eine höchst ungewöhnliche Leistung, immerhin mussten Felsen gesprengt werden, sämtliche Schiffe wurden von 2 000 Ochsen die steilen Hänge hinaufgezogen und schließlich wieder bis nach Torbole hinuntergelassen. Heute wären solche Eskapaden vermutlich als Programm für Freizeitevents vermarktbar. Aber auch ohne solche Ideen ist Torbole einer der lebhaftesten Orte am See und fest in der Hand des jungen Publikums.

Ähnlich turbulent geht es auch auf der gegenüberliegenden Seeseite in Limone zu. Das kleine ehemalige Fischerdorf zählt dank seiner grandiosen Lage zu den besonders idyllischen Ortschaften am See. Vor den mächtigen Felswänden des Dosso-dei-Roveri-Massivs schmiegt sich Limone an das schmale Uferband. Enge, verwinkelte Gassen mit Geschäften und Bars, der malerische alte Hafen und die weitläufige Uferpromenade gehören zu den Hauptattraktionen des Ortes. Andere, für den Gardasee sehr typische Sehenswürdigkeiten sind die alte Ölmühle in der Via Campaldo und einer der mittlerweile raren Zitronenhaine. Überhaupt gehören die Limonen zum Ortsbild und führen zu dem irrigen Glauben, der Name des Ortes habe mit den Zitrusfrüchten zu tun. Tatsächlich entspringt Limone dem lateinischen limes, der Grenze. Ganz unpassend ist diese falsche Interpretation natürlich nicht.

Wer den mediterranen Charme des kleinen Ortes, der erst mit dem Bau der Gardesana-Uferstraße Anfang der dreißiger Jahre so richtig ins Rampenlicht gerückt ist, ohne touristischen Trubel erleben will, für den bieten sich schöne Wanderwege in das allerdings recht steile Umland an. Von Limone aus führen diverse Pfade in luftige Höhen etwa über das Valle del Singo zur Cima Mughera oder zum Tresol oder M. Preals. Ein Erlebnis für sich ist auch die Fahrt auf der Uferstraße Gardesana Occidentale, die Riva mit Limone verbindet. Zahllose Kurven und Tunnels verlangen dem Autofahrer viel Aufmerksamkeit ab. Und der beeindruckende Ausblick auf den nördlichen Teil des Sees begleitet den Reisenden wie eine ständige Verführung, der man sich zumindest während der Fahrt nicht allzu oft hingeben sollte. Wesentlich ruhiger ist dafür ein Abstecher zum kleinen und ruhigen Lago di Ledro, den man über die Talstraße durch das Val di Ledro erreicht. Vorher jedoch muss man den fünf Kilometer langen Tunnel von Riva in Richtung Val di Ledro passieren. Belohnt wird die etwas mühevolle Anfahrt mit ganz besonderen Sehenswürdigkeiten wie dem Pfahlbaumuseum Museo Palafitticolo direkt am Ufer, einem herrlichen Badestrand und einem großen Angebot an Wanderwegen.

Das ist wohl auch ein Teil der besonderen Faszination des Gardasees, dass man sich dem Trubel am Ufer, der gerade zur Sommersaison nicht jedermanns Geschmack sein dürfte, so schnell entziehen kann, wenn man sich nur ein paar Kilometer vom See fort bewegt. So wie am Lago di Ledro kann der ruhebedürftige Reisende die Hektik des Nordufers innerhalb weniger Minuten gegen eine urwüchsige ländliche Atmosphäre eintauschen. Nicht nur der Lago di Ledro, auch der oberhalb von Riva über eine steile und sehr kurvenreiche Straße erreichbare Lago di Tenno eignet sich hervorragend für solche Exkursionen. Viele Serpentinen liegen zwischen dem flachen Hinterland bei Riva und dem beschaulichen Bergsee.

Der Wechsel in alpine Gefilde vollzieht sich nicht nur in Vegetation und Klima. Auch gastronomisch erwarten den Besucher ganz unterschiedliche Traditionen. So herb und rustikal wie die Natur ist auch die Küche. In den Bergdörfern wird noch so gegessen, wie es die schwere körperliche Arbeit der Vorfahren erforderte, was für heutige Verhältnisse recht üppig ist. Wildgerichte, das typische Carne Salada, gepökeltes Rindfleisch, und dazu Pilze oder Polenta. Nicht unbedingt diättauglich, aber in den meisten Fällen kommen die Zutaten direkt aus der Umgebung, und das schmeckt man. Dass die Küche authentisch ist und nur mit frischen Zutaten gekocht wird, darüber wachen in der Regel auch die Einheimischen. Und deren Vorlieben darf man getrost vertrauen. Es sei denn, man zieht die Fastfood-Lokale in den Urlaubsorten am See vor. Doch wird man in einem solchen Fall mit den idyllischen Flecken oberhalb des Gardasees ohnehin wenig anfangen können.

Der Strand von Torbole ist der Anlaufpunkt für Surfer und Urlaubsgäste.

Der Norden des Sees ist von Bergen eingerahmt. ➜

Das Zollhäuschen im Hafen von Torbole ist ein Relikt der k. & k. Monarchie. Hier verlief früher die Grenze zwischen Italien und Österreich.

Der Anblick der bunten Häuserfassade vor der steil abfallenden Felsküste brachte bereits Goethe ins Schwärmen.

Nach einem langen Tag auf dem Wasser werden diese fleißigen Segler wieder in den Hafen geschleppt.

Torbole ist ein wahres Surferparadies, weil hier kontinuierlich ein starker Wind weht.

Etwas für Genießer: der Blick über die Bucht von Torbole. ➜

CAFFE CITTA

Dass der Torre Apponale im 13. Jahrhundert zum Zwecke der Verteidigung von Riva gebaut wurde, sieht man heute noch seiner düsteren Fassade und seinem strengen Aufbau an.

Das Zentrum von Riva mit seinen kleinen Gassen und verwinkelten Plätzen, mit Straßencafés und Geschäften hat sich trotz des Tourismus klassischen südländischen Charme bewahrt.

Der Name Limone lässt viele Besucher dieser pittoresken Ortschaft an die Zitrusfrüchte denken, die hier tatsächlich wachsen.

In Wirklichkeit kommt der Ortsname jedoch von »limes«, dem lateinischen Wort für »Grenze«.

Die Kirche San Benedetto wurde auf den Resten einer antiken Kirche erbaut.

Ehemals ein kleines Fischerdorf, gehört Limone heute zu den belebtesten Feriendomizilen, was auch die überreiche Präsenz von Hotels und Ferienwohnungen belegt.

MONTEBALDO

Die Spiegelungen im Wasser wirken wie ein surrealistisches Gemälde.

An der Hafenpromenade in Limone kann man ganz entspannt die Sonne genießen.

Immer schon war der See ein wichtiger Verkehrs- und Kommunikationsweg – und ist es heute noch, wie unsere Szene im Hafen von Limone zeigt. ➜

Gold-Silber
ZANETTI
SILBER VERGOLDET
3 MICRON 18 KT
VERO ARGENTO
BAR

HONDA
11302
RIO 450top
DIESEL
11202
MERCURY
11102
EVINRUDE

Während im Hafen von Malcesine bereits sommerlich warme Temperaturen vorherrschen, kann man in der Gipfelregion des dahinter liegenden und steil ansteigenden Monte Baldo noch Schneebälle werfen.

Der Osten

Kein Wunder, dass sich hier der überwiegende Teil des Tourismus am Gardasee abspielt! Das Ostufer mit seinen sanften Hügeln im Hinterland, mit scheinbar endlosen Olivenhainen und Weingärten, ist längst nicht so strapaziös wie das schroffe Westufer. Die Ferienorte am See mit ihren vielen Strandbädern und einer abwechslungsreichen Gastronomie sind beliebte Urlaubsziele. Die historischen Zentren liefern dazu die passenden Kulissen. Und wem der Trubel zu groß wird, für den bieten sich Ausflüge in die Region um den Monte Baldo an, wo man nicht nur reiche Wandermöglichkeiten hat, sondern im Winter sogar ein ganz passables Wintersportrevier vorfindet. Die Uferstraße Gardesana Orientale ist die Hauptverkehrsader des östlichen Gardasees und zur Hochsaison entsprechend stark befahren. Glücklicherweise umgeht sie jedoch die meisten Ortszentren. Auf dem Weg vom Norden in den Süden ist Malcesine die erste Station für einen Halt. Das historische Zentrum mit seinen engen Gassen, den geräumigen Plätzen und dem malerischen alten Hafen liegt unterhalb der Gardesana Orientale. Die mächtige Burg wurde im 13. Jahrhundert von den Scaligern erbaut und ist mit ihrem gezackten Mauerwerk den zahlreichen anderen Festungen der Scaliger rund um den See eindeutig verwandt. Im Inneren findet man übrigens neben zwei naturkundlichen Museen über den Monte Baldo und die Fauna des Gardasees einige Erinnerungsstücke an Goethes Aufenthalt in Malcesine. Dem berühmten Dichter wäre anno 1786 sein ausgeprägtes Interesse an italienischer Kultur beinahe zum Verhängnis geworden. Als er eine Skizze der Scaligerburg anfertigte, wurde er rasch als österreichischer Spion verdächtigt und konnte die Obrigkeit nur mit Mühe davon überzeugen, dass sein Wissensdurst gänzlich unpolitisch war. Man vergab ihm schließlich, damit er, wie Goethe später in seiner Italienischen Reise schrieb, »bei seinen Landsleuten Gutes von uns rede und sie aufmuntere, Malcesine zu besuchen, dessen schöne Lage wohl wert ist, von Fremden bewundert zu sein«. Dennoch werden Goethes Notizen kaum der Grund dafür sein, dass Malcesine noch immer zu den beliebtesten Zielen deutscher Gardaseeurlauber zählt. Schließlich sollte man nicht vergessen, dass der Ort wunderschöne Badestrände vor allem im Süden beim Val di Sogno zu bieten hat. Und eine Fahrt mit der Seilbahn zum Monte Baldo gehört zu den Ausflügen, die man vor Ort unbedingt unternehmen sollte.

Begleitet vom Höhenzug des Monte Baldo verläuft die Gardesana schnurgerade am Seeufer entlang in Richtung Süden. Torri del Benaco kennen viele nur als Station der Fähre, die Ost- und Westufer miteinander verbindet. Dabei hat auch dieser kleine Weiler seine besonderen Reize. Im Vergleich zu den benachbarten Orten Malcesine, Bardolino oder Garda geht es hier noch relativ ruhig zu. Natürlich gibt es hier auch eine Burg der Scaliger mit dem typischen Mauerwerk und einem Museum in ihrem Inneren, in dem Einiges über die Historie und die Kultur des Sees dokumentiert ist. Von Torri del Benaco lohnt ein kurzer Abstecher die kurvenreiche Straße hinauf nach Albisano. Dort angekommen, genießt man einen herrlichen Ausblick auf den See. Das Gleiche gilt übrigens auch für den Urlaubsort San Zeno di Montagna etwas weiter nördlich. Ob man nun auf den kleinen Nebenstraßen weiter südlich fährt oder wieder zur Gardesana Orientale zurückkehrt, ist eine Stimmungsfrage. Für die Gardesana spricht neben der unmittelbaren Nähe zum See auch die Möglichkeit, einen kurzen Stop in Punta San Vigilio zu machen. Die kleine Landzunge erreicht man über eine Nebenstraße, und bald wird klar, dass ihr Ruf, einer der schönsten Plätze am Gardasee zu sein, nicht von ungefähr kommt. Das bestätigen auch die prachtvolle Villa Guarienti und das benachbarte Luxushotel.

Wer sich einmal gefragt hat, woher der See seinen Namen hat, kann sich in Garda aufklären lassen. Denn es gibt eine Legende über die Entstehung des Sees: In seiner heißen Liebe zur Nymphe Engardina versprach ein Wassergott der Angebeteten, einen großen See zu schaffen, damit sie ihr kleines heimatliches Gewässer verlasse und ihm folge. Solchen Verlockungen konnte sie nicht widerstehen und stürzte sich mit ihm in die Fluten. Ihr blaues Haar färbte den See, daher ist das Wasser von wunderbarer Farbe. Die Romanze soll sich in der Gegend des heutigen Garda zugetragen haben.

Doch halten wir uns an die verbürgte Geschichte: In der langen Historie des Ortes spielen zunächst alte Pfahlbauten der Kelten eine Rolle, später siedelten sich die Römer an, dann kamen die Goten, die Langobarden, die Venezianer, die Scaliger und zuletzt die Touristen aus dem Norden. Letztere waren weitaus weniger unangenehm als zum Beispiel die Venezianer, die die Festung der Scaliger zerstörten, denn schließlich bringen Touristen eher Geld als Zerstörung. Immerhin bauten die Venezianer etliche Palazzi, darunter den Palazzo dei Capitani, der, wie der Name schon andeutet, Sitz des damaligen Stadthalters war. Das klassisch venezianische Bauwerk direkt am Hafen gehört heute zu den wichtigsten Anziehungspunkten in Garda. Ebenfalls sehenswert ist die Villa Albertini etwas weiter nördlich am Hafen. Leider kann man das vornehme Bauwerk aus dem 18. Jahrhundert mit seinen markanten Türmen nicht besichtigen. Solche Probleme gibt es mit der alten Festung von Garda nicht. Wie auch, schließlich ist von ihr nur noch eine Ruine übrig. Doch der etwas längere Fußmarsch auf den Hügel südöstlich des Ortes lohnt sich vor allem wegen der beeindruckenden Aussicht. Nicht weit von der Festung findet man übrigens das Kamaldulenserkloster Eremo di San Giorgio, das auch besichtigt werden kann und in dem sogar noch einige Mönche leben.

Doch Garda hat auch viel Zeitgemäßes zu bieten: neben schönen Badestränden eine für die Region typische Gastronomie für den kleineren wie den größeren Geldbeutel. Apropos leibliches Wohl: Rund um Garda wird weithin sichtbar Wein angebaut und Olivenöl gewonnen. Das Ostufer auf der Veroneser Seite nennt man auch die Riviera degli Olivi. Schätzungen zufolge soll es entlang des Sees rund 400 000 Olivenbäume geben. Dabei zählt man etwa 200 verschiedene Sorten von Oliven. Für den Laien ist das im Detail wohl nicht so wichtig. Sollte man sich aber dennoch mehr für das Extra Vergine vom Lago di Garda interessieren, lohnt sich ein Besuch im Ölmuseum in Cisano bei Bardolino, das nur wenige Kilometer von Garda entfernt liegt. Hier kann man antike Herstellungsmethoden mit alten Pressen und Mühlsteinen ebenso bewundern wie eine wasserbetriebene Ölmühle aus dem 19. Jahrhundert. Auch heute wird hier noch Öl hergestellt, natürlich mit modernerer Technik, dabei aber in bekannt guter Qualität. Wer nun auf den Geschmack gekommen ist: Während der Sommermonate werden dort regelmäßig Verkostungsabende durchgeführt. Bei den Weinen kennt man vor allem den roten Bardolino, der im Grunde ein Gemisch aus verschiedenen lokalen Rebsorten ist. Im gleichnamigen Ort gibt es übrigens eine Enoteca, in der man Verkostungen arrangieren kann. Empfehlenswert ist auch ein Besuch in der Cantina der Conti Guerrieri Rizzardi direkt beim historischen Zentrum von Bardolino, wo man nicht nur Wein kosten und Imbisse zu sich nehmen, sondern auch eine Sammlung alter Weinflaschen und Accessoires besichtigen kann. Und von der vornehmen Villa der Conti Guerrieri Rizzardi sind es nur ein paar Schritte durch das Stadttor zum Feinkostladen Zanelli, wo die berühmten schwarzen Trüffeln vom Monte Baldo zu haben sind. Nicht nur Bardolino, auch der Nachbarort Garda hat seinen eigenen DOC-Wein, und zwar den Garda Classico. Weinexperten und solche, die es werden wollen, sei ein Ausflug zum Weinmuseum von Bardolino in der Cantina Zeni etwas außerhalb des Ortes östlich der Gardesana empfohlen. Ein solcher lässt sich gleich mit einer Tour auf der Strada del Vino verbinden, die durch das Hinterland von Bardolino führt und etliche Weingüter passiert. Je weiter man nach Süden kommt, desto augenfälliger verändert sich die Landschaft. Das Hinterland ist nicht mehr schroff und alpin wie bei Riva, auch nicht so abgeschottet wie rund um den Monte Baldo. Oberhalb von Bardolino und Lazise breitet sich recht sanftes Hügelland aus, das ganz unten im Süden vollkommen flach ausläuft. Doch zurück nach Bardolino. Auch hier haben die Scaliger einst eine Festung gebaut, von der heute nur noch eine Ruine übrig ist. Für Besucher ist die Uferpromenade ein Muss, die die beiden Strandbäder an der Punta Cornicello und Punta Mirabello verbindet. Zwischendurch sollte man über die Piazza Matteotti flanieren bis zur neoklassizistischen Kirche Santi Nicolò e Severo mit ihren mächtigen Säulen. Kunsthistorisch Interessierte dürften sich jedoch mehr der romanischen Kirche San Severo aus dem 11. Jahrhundert zuwenden, in deren Innerem man beeindruckende Fresken aus dem 12. und 13. Jahrhundert findet. Sogar noch älter ist die etwas unscheinbarere Kirche San Zeno, die ein wenig abseits östlich der Durchgangsstraße in der Via San Zeno steht und ursprünglich aus der Zeit der Langobarden im 9. Jahrhundert stammt. Von San Zeno sind es nur wenige Meter bis zur Gardesana, auf der man ziemlich direkt weiter bis nach Lazise kommt. Ein kurzes Stück unterhalb der Durchgangsstraße öffnet sich das historische Zentrum. Es scheint fast unnötig zu erwähnen, dass auch Lazise ein alte Festung der Scaliger und einen malerischen Hafen besitzt, wobei Letzterer im Mittelalter eine wichtige strategische Bedeutung für allerhand Kriege und Streitigkeiten hatte. Heute spazieren Touristen über die Piazza Vittorio Emanuele zum alten Hafen vorbei an Cafés und Geschäften. Die historischen Bauten sind heute in ihrer touristischen Bedeutung von neuen Errungenschaften verdrängt worden. Vielleicht interessiert sich der eine oder andere noch für die drei Stadttore, die von der einstigen Stadtmauer übrig geblieben sind. Doch ist für viele Urlauber eine andere Attraktion, die weiter südlich außerhalb von Lazise angesiedelt ist, noch viel spannender. Was sind schon die Kämpfe der Scaliger und Venezianer gegen Piraten und Haie, auch wenn sie nur nachgestellt sind. Im Canevaworld Aquapark etwa drei Kilometer südlich von Lazise an der Gardesana geht es im Sommer heiß her. Künstliche Badelandschaften mit Kneipen und Showeinlagen sind die Attraktionen von heute. Das ist nicht nur an der Adria, sondern auch am Gardasee so. Gleich vier Freizeitanlagen im südöstlichen Hinterland des Gardasees sorgen für steten Nachschub an Touristen. Verkehrsgünstig gelegen in unmittelbarer Nähe der Hotels und Campingplätze bieten sie jede Menge Abenteuer und Spektakel, auch wenn sie größtenteils nur aus Pappe und Plastik sind. Aber mit Palmen und Uferpromenaden allein kann man nicht mehr so leicht jemanden begeistern, wenn nicht auch modernere Aktivitäten angeboten werden.

Kein Wunder, dass die kleine Insel in idyllischer Lage bei Malcesine »Isola del Sogno«, Trauminsel, heißt!

Wasser, Himmel und Berge – Elemente des See-Panoramas bei Malcesine ➜

Mühevolle Handarbeit für eines der besten Olivenöle des Landes: Rund 400 000 Olivenbäume und 200 verschiedene Olivensorten sind die Basis für eine überaus attraktive Produktvielfalt.

Der Fluss Aril entspringt oberhalb von Cassone.

Gustav Klimt hat das malerische Örtchen Cassone bereits 1913 auf Leinwand gebannt. ➔

YAMAHA
HONDA
YAMAHA

Von Malcesine aus kann man mit einer Seilbahn auf den Tratto Spino, einen Gipfel des Monte Baldo, fahren.

Der Ort Malcesine ist rund um die alte Scaligerburg gewachsen.

Diese Entenfamilie fühlt sich in einem der kleinen Häfen des Gardasees sichtlich wohl.

Der Monte Baldo ist ein beliebtes Ziel für Wanderer, Mountainbiker, Skifahrer und Gleitschirmflieger. →

Unterhalb von Albisano kann man Torri del Benaco überblicken. →→

An der Südseite der Scaligerburg in Torri del Benaco gibt es eine sogenannte »Limonaia«, ein Gewächshaus für Zitrusfrüchte. ➜

In der Kirche Santi Apostoli Pietro e Paolo gibt es eine für Italien ungewöhnlich große Orgel zu sehen.

Torri del Benaco gehört mit der Pfarrkirche Santi Apostoli Pietro e Paolo, der alten Scaligerburg und den vielen historischen Gebäuden zu den reizvollen Orten am Ostufer. ➜➜

LA RUFA
TO 30
NIMITZ

Die Villa Brenzone, die sich einst der reiche Veroneser Agostino Brenzone bauen ließ, befindet sich an der Punta San Vigilio.

← Die Locanda di San Vigilio liegt auf einer kleinen Landzunge zwischen Torri del Benaco und Garda.

In Castión Veronese steht die Villa Pellegrini mit ihrem großzügig angelegten italienischen Garten.

Hinter dem Hafen spitzt der Turm der Villa degli Albertini über die Bäume. ➔

RV40577
LAGHINA

Vor dem Palazzo dei Capitani kann man gemütlich speisen.

Der Innenhof diente dem Kloster Chiostro della Pieve früher als Kreuzgang.

Die Pfarrkirche Santa Maria Maggiore in Garda wurde im 15. Jahrhundert erbaut.

Direkt am Hafen von Bardolino findet der Wochenmarkt statt.

Die Kirche Santi Nicolò e Severo in Bardolino mit ihrer neoklassischen Architektur ist ein markantes Gebäude im Zentrum des Ortes.

Im Weinmuseum Zeni in Cisano bekommt man einen Einblick in die Geschichte des Weinbaus.

Dieser wunderbare Weinkeller ist unter dem Weinmuseum Zeni verborgen.

An der Südwand der Kirche San Severo kann man immer noch ein prächtiges Fresko sehen.

Nach einem Erdbeben im Jahr 1117 wurde die Kirche San Severo, die im romanischen Baustil errichtet wurde, restauriert.

Der Hafen von Bardolino gibt sich international.

Beschaulich wirkt heute der Hafen von Lazise mit den alten Häusern und kleinen Bars. Dabei gehörte er in Kriegszeiten zu den heiß umkämpften Plätzen.

Früher lagen in diesem Hafen die Kriegsschiffe. ➔➔

LAZISE
AI SUOI CADUTI

BAR PANINOTECA FANTASY
HOTEL
RISTORANTE – ALBERGO
GROTTA
HOTEL
AZIENDA AUTONOMA DI SOGGIORNO E TURISMO
EVINRUDE

Sehen und gesehen werden auf der Uferpromenade von Lazise.

Am Hafeneingang von Lazise befindet sich die Veroneser Zollstelle, an der früher die Waren von und nach Venetien verzollt wurden.

COMUNALE

Wie im Olivenöl-Museum zu sehen, wurde das Öl früher in großen Steinkrügen gelagert.

Besonders in den Abendstunden füllt sich die Piazza Vittorio Emanuele in Lazise mit Menschen.

Von Peschiera sucht sich der Fluss Mincio seinen Weg nach Süden. Die Stadt gehört trotz ihrer malerischen Winkel zu den weniger frequentierten Orten am See.

Der Süden

Dass es zahlreiche Dichter an die Ufer des Gardasees gezogen hat, ist bekannt und auch nicht schwer nachvollziehbar. Aller Wahrscheinlichkeit nach dürfte der römische Dichter Catull der erste gewesen sein, der nachhaltige Spuren hinterlassen hat. Im ersten Jahrhundert vor Christus ließ er sich der Überlieferung nach eine stattliche Residenz an einem der markantesten Punkte des großen Sees bauen, was jedoch heute als gar nicht mehr so sicher gilt. Zumindest hat er in seinen Dichtungen die Schönheit des Ortes gepriesen. »Mein Sirmio. Augenstern von all den Halbinseln und Inseln, über die in klaren Landseen, im weiten Meer Neptun als beider Herr waltet.« Die »Grotten des Catull«, das heißt die Überreste dieses großzügigen Bauwerks an der Nordspitze der lang gezogenen Landzunge von Sirmione, sind jedenfalls heute noch eine populäre Sehenswürdigkeit. Die besondere Geographie von Sirmione wirkte über Jahrhunderte wie ein Magnet für zahllose Besucher. Unter anderem besaß die legendäre Sängerin Maria Callas eine Villa unweit der Grotten. Und was schon die Römer nach Sirmione zog, wurde 1889 wieder entdeckt und für den Tourismus genutzt. Die heißen Boiola-Quellen versorgen Sirmione mit Thermalwasser, das für die Behandlung diverser Krankheiten genutzt wird. Viele der vornehmen Hotels verdanken ihre Existenz dem Kurtourismus. Und dass Sirmione einer der beliebtesten Orte am See ist, erkennt man spätestens, wenn man die Straße von Colombare nach Norden fährt und dabei die vielen Hotels und Pensionen passiert. Direkt am Hafen trennt die schmale Brücke das Zentrum von Sirmione von der südlichen Landzunge. Von dieser Stelle aus ist es ratsam, den Weg zu Fuß zu nehmen, vorbei an der mächtigen Burg der Scaliger aus dem 14. Jahrhundert durch die kleinen Gassen mit den bunten Geschäften und Bars. In der imposanten Burg gibt es ein kleines Museum, in dem Fundstücke aus der Römerzeit und dem Mittelalter aufbewahrt sind. Nördlich des Zentrums durchstreift man Olivenhaine, kommt man an vornehmen Villen vorbei, darunter ist die beeindruckende Villa Cortine, und genießt den herrlichen Blick auf den See. Ein Uferweg führt auf der Ostseite übrigens nach Norden bis zum Lido delle Bionde, von dem es nur ein kurzes Stück bis zu jener Stelle im Wasser ist, wo die Boiola-Quelle in knapp 20 Metern Tiefe entspringt. Während der Hochsaison mag der Trubel in den engen Gassen von Sirmione manchem Besucher etwas zu hektisch sein. Genießer ziehen es dann vor, den Ort in den frühen Morgenstunden oder zur Zeit des Sonnenuntergangs zu erleben.

Ohne Zweifel ist Sirmione der touristisch bedeutendste Ort am Südufer. Weder Peschiera noch Desenzano können da mithalten. Sie müssen allerdings auch damit leben, dass der Durchgangsverkehr zur Reisezeit besonders stark ist. Doch sollte man sich davon nicht abschrecken lassen. Nur wenige Meter von den grauen Vorstadtfassaden entfernt verbirgt sich ein sehenswertes historisches Zentrum. Und so ist Peschiera im südöstlichen Winkel des Gardasees, am Abfluss des Mincio, der durch die Ebene im Süden den Weg zum Po sucht, nicht ohne Reiz. Die Altstadt ist von kleinen Gassen durchzogen, und attraktive alte Häusern bieten ein malerisches Bild. Für denjenigen, der durch diesen Ort nur hindurchreist, sind solche Besonderheiten nicht erkennbar. Er kann auch nicht sehen, dass das historische Zentrum und einige benachbarte Viertel auf drei Inseln gebaut sind, die früher zu einer mächtigen Festungsanlage gehörten, welche im 16. Jahrhundert gebaut wurde und die bis zum 19. Jahrhundert große Bedeutung hatte. Etliche Feldherren machten Station in Peschiera und bezogen den Ort in ihre strategischen Planungen mit ein; so Friedrich Barbarossa im 12. Jahrhundert, die Gonzaga aus Mantua, natürlich die Scaliger und schließlich Napoleons Truppen. Dafür, dass Peschiera nicht nur kriegerische Bedeutung hatte, sondern auch seit jeher ein reizvoller Ort ist, spricht, dass schon Plinius der Ältere sowie Dante den Ort einst besungen hatten. Heute geht es in Peschiera ziemlich friedlich zu.

Die AIDO – Associazione Italiana Donatori Organi macht die Menschen auf das Thema Organspende aufmerksam.

Der Fluss Mincio ist der einzige Abfluss des Gardasees.

Ein paar Campingplätze entlang der Bucht und vor allem die Freizeitparks im Umland ziehen viele Urlauber an. Bei einem Spaziergang durch die Altstadt sollte man die von Booten und Fischern gesäumten Kanäle des Mincio, die neoklassizistische Pfarrkirche San Martino und schließlich die Ausgrabungen einer römischen Villa gleich nebenan ebenso wenig auslassen wie den beschaulichen Hafen.

Einige Kilometer südlich von Peschiera am Mincio liegt der kleine Ort Valleggio sul Mincio. Streng genommen liegt Valleggio ja nicht am See, dennoch gehört es zu den beliebtesten Zielen der Besucher. Der geschichtsträchtige Ort mit den Resten einer alten Scaligerburg und der alten Brücke über den Mincio beweist, dass auch historische Sehenswürdigkeiten nicht ohne Reiz sind. Und die Italiener wissen die Annehmlichkeiten des modernen Lebens mit traditionellen kulturellen Werten gut zu verbinden. Zumindest kann man das alljährliche große Tortellinifest in Valeggio so interpretieren.

Naturliebhaber zieht es zu einer anderen Sehenswürdigkeit in der Umgebung von Valleggio. Der Parco Giardino Sigurtà ist eine riesige Parklandschaft mit fein herausgeputzten Gärten und Teichen, mit Kräuterbeeten und Seerosenanlagen. Man kann ihn übrigens auch mit dem Auto durchfahren, unterwegs laden mehrere Parkplätze zu einem kleinen Stopp ein. Der Park ist nach seinem Begründer, dem Grafen Carlo Sigurtà, benannt: eine ökologische Wunderwelt auf rund 50 Hektar Fläche mit einer herrschaftlichen Villa aus dem 17. Jahrhundert.

Von Valeggio aus kann man auf etwas abgelegeneren Landstraßen durch das Weinanbaugebiet im Süden des Sees bis nach Desenzano fahren. Der größte Ort an der Südküste ist so etwas wie die Hauptstadt des Gardasees. Es ist weniger der Tourismus, der hier eine herausragende Rolle spielt, wenn er natürlich auch präsent ist. Die Stadt lebt vor allem von Handel und Industrie und ist gewissermaßen auch das Verwaltungszentrum der Region. Ähnlich wie in den meisten Orten am See waren auch hier bereits die Römer baulich aktiv, und im Mittelalter wurde eine Festung gebaut. In diesem Fall war es eine Burg, die im 10. Jahrhundert entstand, im Mittelalter hatte die Stadt wechselnde Machthaber. Von dem alten Castello, das sich etwas oberhalb der Altstadt auf einem Hügel befindet, sind freilich nur noch einige Mauern und Türme erhalten. Ein Spaziergang durch das alte Desenzano ist dennoch ein reizvoller Ausflug. Zum Beispiel kann man vom Archäologischen Museum, das in einem ehemaligen Kloster eingerichtet ist, über die Piazza XXV Aprile und die Piazza Matteotti am neuen Hafen vorbei bis zum Porto Vecchio mit seinen eleganten, zum Teil im venezianischen Stil erbauten Palazzi schlendern.

Vom alten Hafen sind es nur wenige Schritte bis zum Dom Santa Maria Maddalena, der im Stil der Spätrenaissance erbaut ist und in dessen Innerem man neben zahlreichen anderen wertvollen Gemälden auch eine Darstellung des Letzten Abendmahles von Tiepolo findet. Anschließend kann man vom Dom aus einen Abstecher zur Villa Romana machen. Bei Bauarbeiten in einem Wohnviertel stieß man Anfang der zwanziger Jahre auf die Reste römischer Villen. Im Museum zeigt man neben diversen Gefäßen, Fresken und Fragmenten von Skulpturen vor allem beeindruckende Fußbodenmosaiken aus der Zeit zwischen dem ersten und vierten Jahrhundert nach Christus. Im Rahmen eines Rundgangs stößt man auch auf die Überreste der alten Heizungsanlagen unter den Böden und den spärlichen Relikten der Thermen. Von der Villa Romana oder besser noch vom Dom aus geht man ein kurzes Stück bergauf durch die Via Castello bis zu den Ruinen der alten Festung. Beschließen kann man die Runde, indem man vom Castello wieder bergab in Richtung Hafen zurückgeht.

Ein anderes Kapitel der italienischen Geschichte begegnet dem Besucher, wenn er einige Kilometer nach Süden nach Castiglione, San Martino und Solferino fährt. Die Schlacht von Solferino während des Unabhängigkeitskampfes der Italiener gegen die Österreicher anno 1859 hat hier Tausende Soldaten das Leben gekostet. An die Kämpfe in dieser Gegend erinnern einige Museen, darunter das Museo della Battaglia in San Martino. In Solferino gibt es das Museo Stirco Risorgimentale, das sich mit der Geschichte der Unabhängigkeitskriege beschäftigt, und schließlich das Memoriale Croce Rossa: Aus den Geschehnissen der Schlachten um Solferino entstand später das Rote Kreuz, gegründet von dem Schweizer Henri Dunant.

Die mächtige Scaligerburg in Sirmione zählt zu den markantesten Festungsbauten am Gardasee und ist zugleich Mittelpunkt des reizvollen Zentrums des lebhaften Ortes am Südufer.

Von der Festung in Sirmione lässt sich die einzigartige Lage und Form des Ortes, der wie eine schmale Zunge in den See ragt, am besten erkennen.

Die »Grotten des Catull«, Überreste einer römischen Villa am Nordzipfel von Sirmione.

Eine schmale Brücke verbindet die Scaligerburg von Sirmione mit der angrenzenden Halbinsel, auf der der Ort liegt.

Im Norden schweift der Blick von der Burg über das Zentrum von Sirmione bis zu den Bergen. ➜

Die mächtigen Mauern der Scaligerburg von Sirmione stammen aus dem 13. Jahrhundert.

Der Dichter Catull hat die
Schönheit Sirmiones gepriesen.

Sirmione zieht viele Leute
magisch an – ob zu zweit
oder in der Gruppe.

Die Cascina le Presiglie, ein Weingut und Agriturismo, liegt inmitten von Weinbergen.

← Der Torri di San Martino della Battaglia erinnert an die Schlacht von San Martino im Jahre 1859 und dient als Leuchtturm für den Schiffsverkehr.

Im alten Hafen von Desenzano geht es heute eher ruhiger zu.

Die Spiegelung der Häuserfassade von Desenzano sieht wie ein modernes Gemälde aus.

Manchmal gibt es auf der Piazza Malvezzi im alten Hafen in Desenzano zu Füßen der Santa Angela Merici, der Schutzpatronin der Stadt, eine Open-Air-Buchhandlung.

Als der alte Hafen zu klein wurde, musste wegen der vielen Segelboote ein neuer Hafen in Desenzano gebaut werden.

Vermutlich eine der längsten Uferpromenaden am Gardasee: der Lungolago Zanardelli in Salò, einer beliebten und lebhaften Stadt am Südwestufer.

DER WESTEN

Es ist in den letzten Jahren auch schick geworden, an der Südwestseite des Gardasees zu logieren. Keine andere Gegend am See gilt als derart klassisch italienisch und vornehm. Es gibt kaum Massentourismus, dafür elegante Villen, lauschige Buchten und malerische Hafenorte. Diese Wertschätzung ist freilich nicht neu. Schon vor über 100 Jahren zog es Gäste aus dem Norden nach Salò, Gargnano oder Gardone. Kritiker sprachen damals angesichts der regen Nachfrage seitens der Nordlichter von der Germanizzazione, von der Verdeutschung der Region. Einer dieser Zuzügler war der deutsche Dichter Otto Erich Hartleben, der in Salò in der Villa Halkyone wohnte und dort versuchte, eine Dichterakademie aufzubauen, die er »Halkyone Akademie für angewandte Wissenschaften zu Salò« nannte. Heute ist von solchen Ideen keine Rede mehr, auch wenn natürlich wie an vielen anderen Ecken des Seeufers unzählige Deutsche ihren Ferienwohnsitz haben, denn der Gardasee ist für Deutsche wie Italiener gleichermaßen reizvoll. Salò zählt in jedem Fall zu den beliebtesten Orten am Westufer. Die Kleinstadt liegt malerisch am Ende einer schmalen Bucht, man kann sie während der Anfahrt von Desenzano wunderbar überblicken. Salò besitzt ohne Zweifel eine der schönsten Uferpromenaden der gesamten Gardasee-Region. Ein Spaziergang auf dem Lungolago Zanardelli führt praktisch an der gesamten Altstadt entlang, von der Piazza Vittorio Emanuele vorbei an Cafés und Geschäften und der zentralen Piazza Vittoria bis zum Dom und weiter noch fast bis zum Ende des Zentrums. Aber auch die kleinen Gassen hinter der Uferpromenade sind entdeckenswert, vor allem zwischen dem Uhrenturm und der Piazza Vittoria mit dem Palazzo della Podestà, dem heutigen Sitz des Rathauses, und dem Palazzo della Magnifica Patria, dem Sitz des Museo Civico, das eine Sammlung zur Frühgeschichte der Umgebung von Salò enthält.

Es gibt eine recht dubiose Episode der jüngeren Geschichte aus dieser Gegend. Während des Zweiten Weltkriegs hatte Benito Mussolini in Salò 1943 die Repubblica Sociale Italiana, die Faschistische Sozialrepublik, ausgerufen, die auch als Republik von Salò bezeichnet wurde. Mussolini, der kurz zuvor von den deutschen Verbündeten aus dem Gefängnis befreit wurde, floh im April 1945 vor den anrückenden Amerikanern und wurde auf der Flucht von Partisanen erschossen. Bedeutung hatte die Republik von Salò nicht. Sie bestand eigentlich nur auf dem Papier, und Mussolini hing am Tropf der deutschen Machthaber. Blickt man in der Historie etwas weiter zurück, dann finden sich weitaus sympathischere Daten. Da war zum Beispiel Gasparo Bertolotti, der 1540 als Sohn einer Musikerfamilie in Salò geboren wurde und als Erfinder der Violine gilt. An Bertolotti erinnert eine Statue im Rathaus von Salò. Recht amüsant ist jene Anekdote, wonach Bertolotti im Laufe der Jahre fälschlicherweise den Familienamen Violino bekam, was auf Deutsch so viel wie Geigenspieler heißt. Doch zurück zur Stadt selbst. Einen Besuch sollte man möglichst nicht ohne einen Abstecher zum Dom beenden. Etwas nordwestlich des Zentrums steht das mächtige spätgotische Bauwerk, das in der zweiten Hälfte des 15. Jahrhunderts entstanden ist. Unter den zahlreichen Kunstwerken ist besonders ein Gemälde des Malers Romanino aus Brescia zu erwähnen, das den heiligen Antonius von Padua darstellt, sowie eine Holzretabel aus dem 14. Jahrhundert von Paolo Veneziano. Überaus prachtvoll sind in der Gegend um Salò nicht nur die Kirchen, sondern auch eine Zahl von Profanbauten. Dass diese Ecke des Sees von jeher betuchte Gäste angezogen hat, erkennt man vor allem an den vielen vornehmen Jugendstilvillen. Heute sind viele von ihnen noble und teure Hotels. Etwas von der Pracht vergangener Tage mag man sich vorstellen, wenn man zum Beispiel im Hotel Laurin, in der Villa Fiordaliso in Gardone oder im Grand Hotel in Fasano logiert. Vor allem Gardone galt und gilt auch heute noch als der nobelste Flecken am See. Berühmtheiten wie die österreichische Kaiserin Elisabeth oder der ägyptische König Faruk weilten dort. Und nicht zu vergessen der Dichter Gabriele D'Annunzio, dessen verschwenderisch gestaltete Residenz Il Vittoriale heute ein Anziehungspunkt ersten Ranges ist. D'Annunzio war 58 Jahre alt, als er 1921 in die Villa einzog, die am Ende des Ersten Weltkriegs dem damaligen Besitzer, dem deutschen Kunstkritiker Heinrich Thode, konfisziert wurde. Opulent, wie sein Lebensstil war, ist auch das Interieur. Etwas düster wirkt es, was auch daran liegen mag, dass D'Annunzio nach dem Verlust eines Auges das offene Licht mied. Rund 10 000 Einrichtungsgegenstände gehören zur Villa, allein rund 900 davon befinden sich in dem legendären Bagno Blu, dem blauen Bad. D'Annunzios Sammelwut war schier grenzenlos. Unter einer der Decken hängt das Doppeldecker-Flugzeug, mit dem er über Wien Flugblätter verstreute. In der Gartenanlage findet man ein Schnellboot und den Bug eines Schlachtschiffes. Nicht jedermanns Geschmack dürfte das Mausoleum etwas oberhalb der Villa sein, wo der Leichnam des eigenwilligen Dichters aufgebahrt ist und dessen Architektur recht starke faschistische Züge trägt. Diese Interpretation ist nicht falsch, schließlich galt D'Annunzio als überzeugter Anhänger Mussolinis. Wie bescheiden wirkt dagegen das frühere Anwesen des Innsbrucker Arztes Arthur Hruska. Anfang des 20. Jahrhunderts erwarb er die Villa samt großzügigem Garten und baute Schritt für Schritt auf rund 10 000 Quadratmetern eine umfassende botanische Sammlung auf mit Pflanzen aus aller Welt. Damit sein Lebenswerk nicht von den Nachkommen verkauft und zerstört würde, vermachte er es der Gemeinde Gardone mit der Auflage, es öffentlich zugänglich zu machen. Ende der achtziger Jahre erwarb der Künstler André Heller das Anwesen und gestaltete es teilweise nach seinen Vorstellungen um. So zieren heute Kunstwerke von Keith Haring oder Roy Lichtenstein und Mimmo Palladino die Gartenanlagen. Während die Gärten der Öffentlichkeit zugänglich sind, gegen entsprechenden Eintritt versteht sich, kann die Villa, die sich hinter einer hohen Hecke verbirgt, nicht besichtigt werden. Es würde Gardone aber nicht gerecht, den Ort auf diese beiden berühmten Villen zu reduzieren. Ein Spaziergang am Lungolago, an der Uferpromenade, von der Piazza Wimmer, die nach einem deutschen Hotelier benannt ist, der als Initiator des lokalen Tourismus gilt, über die Piazza Marconi bis zum Strandbad ist ein beschaulicher Ausflug in die Eleganz vergangener Tage. Wie viele ehedem elitäre Orte hat auch Gardone einiges von seiner Exklusivität eingebüßt. Doch ist der Glanz nicht ganz dahin. Das gilt auch für den kleinen Nachbarort Fasano. Das noble und weitläufige Grand Hotel direkt am Ufer war früher Residenz und Jagdhaus der österreichischen Kaiserfamilie. Das vornehme Haus mit der riesigen Terrasse direkt am See ist noch immer sehr repräsentativ, auch wenn der Hochadel nicht mehr in Scharen auftritt. Wunderschön ist auch die Villa del Sogno, ein exklusives kleines Hotel, in dem unter anderem auch schon Winston Churchill abgestiegen ist. Wem die großbürgerliche Eleganz der Villen und der lebhafte Durchgangsverkehr der Gardesana Occidentale, die Hauptstraße führt schließlich direkt durch Fasano, zu viel sind, für den mag es nichts Schöneres geben als einen Ausflug auf den engen, kurvigen Straßen über Gardone Sopra hinauf zu den Bergdörfern San Michele, Serniga und San Bartolomeo oberhalb des Sees. Allein schon die grandiose Aussicht auf den See ist die etwas beschwerliche Anfahrt wert.

Unten am Seeufer kommt man auf der Gardesana nach einigen Kilometern in Richtung Norden auf eine Halbinsel mit den beiden Orten Maderno und Toscolano. Auf der Hauptstraße erreicht man direkt den malerischen kleinen Hafen mit dem historischen Zentrum von Maderno. Wenige Meter vom Hafen entfernt in einer Seitenstraße ist übrigens die Anlegestelle der Fährverbindung von Maderno zum gegenüberliegenden Ufer in Torri del Benaco. Die Traghetti, die zwischen den beiden Orten verkehren, sind vor allem dann wichtig, wenn, was des Öfteren vorkommt, die enge und kurvige Gardesana auf der Westseite wegen Erdrutsch gesperrt ist. Maderno wurde in der Römerzeit besiedelt, ein mächtiger Erdrutsch im Jahr 243 zerstörte jedoch diese frühe Siedlung. Ein Hinweis auf diese Zeit findet sich im Zentrum unweit der romanischen Kirche Sant'Andrea: die Überreste einer römischen Villa. Maderno und Toscolano werden durch den

Fluss Toscolano getrennt, der vom Lago di Valvestino abfließt und zwischen den beiden Orten in den See mündet. Mit ihm verbindet sich eine ungewöhnliche Geschichte rund um den Ort. Im Tal des Toscolano entwickelte sich im späten Mittelalter eine ansehnliche Papierproduktion. Zahlreiche Papiermühlen wurden gebaut, und der Ort reifte zum Zentrum für hochwertige Papierproduktion und Buchdruckerkunst und genoss in ganz Norditalien hohes Ansehen. Doch die kleinen Manufakturen haben natürlich längst ausgedient. Heute findet man im Tal noch ein paar Ruinen der alten Papiermühlen, und in Toscolano ist noch eine letzte Papierfabrik in Betrieb. Der nächste größere Ort auf dem Weg nach Norden ist Gargnano. Ähnlich wie in Gardone oder Fasano hielt sich auch hier früher nobles Publikum auf, es zeugen noch etliche standesgemäße Villen von dieser Zeit. Eine spezielle Berühmtheit erlangte dabei die Villa Feltrinelli direkt an der Uferpromenade in Gargnano, wo Mussolini einst wohnte. Seine Arbeitsräume hatte er in der Villa delle Orsoline, seinerzeit ebenfalls im Besitz der Feltrinelli. Eine Villa gehört der Universität von Mailand, die andere ist ein Luxushotel.

Gargnano hat auch schon kriegerische Zeiten erlebt. Zum Beispiel während des Risorgimento, als sich französische und italienische Schiffe auf der einen und österreichische Schiffe auf der anderen Seite beschossen. Dass bei diesen Scharmützeln auch einige Häuser zahlreiche Kanonenkugeln abbekommen hatten, kann man heute noch sehen. Einige Kanonenkugeln stecken in den Fassaden der Häuser am See. Gargnano hat viele angenehme Seiten. Zum Beispiel die gemütliche Uferpromenade, das kleine alte Zentrum mit der Kirche San Martino, die im frühen 19. Jahrhundert im Stil des Historismus erbaut wurde.

Eine der spektakulärsten Veranstaltungen am See findet jedes Jahr in der ersten Septemberhälfte statt. Dann startet in dem kleinen Hafen von Bogliaco südlich von Gargnano die große Segelregatta Centomiglia. Einige hundert Segelschiffe aus der ganzen Welt mit renommierten Crews nehmen an der Regatta teil, die seit 1951 jedes Jahr durchgeführt wird. Die Besten erreichen das Ziel nach rund 12 Stunden. Für viele jedoch dauert der Wettbewerb bis weit in die Nacht hinein. Abends findet dann in Bogliaco ein großes Fest statt. Bekannt ist Bogliaco übrigens auch für ein schönes, herrschaftliches Anwesen. Direkt am See steht die feudale Villa Bettoni, die Mitte des 18. Jahrhunderts erbaut wurde, mit herrlichen Fresken der Gebrüder Galliari ausgestattet ist und dazu noch eine außergewöhnliche Gemäldesammlung beherbergt. Allerdings befindet sich die Villa im Privatbesitz, ist also leider nicht zu besichtigen.

Auf dem Weg nach Norden sollte man in Campione einen Stopp einlegen. Das beschauliche Dorf direkt am Ufer ist bis 1930 nur mit dem Boot erreichbar gewesen. Bis zur Jahrhundertwende haben dort vor allem Arbeiter der örtlichen Baumwollspinnerei gewohnt. Neben den alte Wohnhäusern gibt es in Campione auch die Villa der Familie Archetti zu bestaunen, einen Prachtbau aus dem 18. Jahrhundert.

Gut 400 Meter oberhalb von Campione, wo man für die Gardesana lange Tunnels in den Fels sprengen musste, breitet sich die Hochebene von Tremosine aus. Ein reizvolles Terrain für Naturliebhaber. Es gibt zahlreiche Sportanlagen, viele Wandermöglichkeiten, einige kleine Dörfer wie das rustikale Pieve und vor allem sozusagen als Zugabe eine grandiose Aussicht auf den See. Über das Valle di Bondo gibt es eine Verbindung zum Lago di Ledro, die allerdings nicht mit dem Auto befahrbar ist, sondern nur zu Fuß oder auf zwei Rädern. In Bikerkreisen genießt der Monte Tremalzo Kultstatus – und angesichts der extremen Steigungen auch entsprechenden Respekt. Von der Hochebene Tremosine führt eine kurvenreiche Straße bergab direkt nach Limone; diese Ortschaft genießt den Ruf, dass ihre Bewohner außergewöhnlich alt werden und selten an Krankheiten leiden. Das hat in den vergangenen Jahrzehnten schon viele Wissenschaftler neugierig gemacht. Nach verschiedenen Untersuchungen vermutete man, dass ein spezielles seltenes Protein im Blut der Bewohner von Limone dafür verantwortlich sei. Etwas eingängiger klingt jedoch eine andere Theorie: der wunderschöne Ort, die gesunde, weil besonders fettarme Ernährung, eine saubere Umwelt und vor allem wenig Stress seien die lebensverlängernden Faktoren.

Salò ist die größte Stadt am Westufer des Gardasees.

AL 48

Der Dom Santa Maria Annunziata in Salò vereinigt Elemente der Spätgotik und der Renaissance.

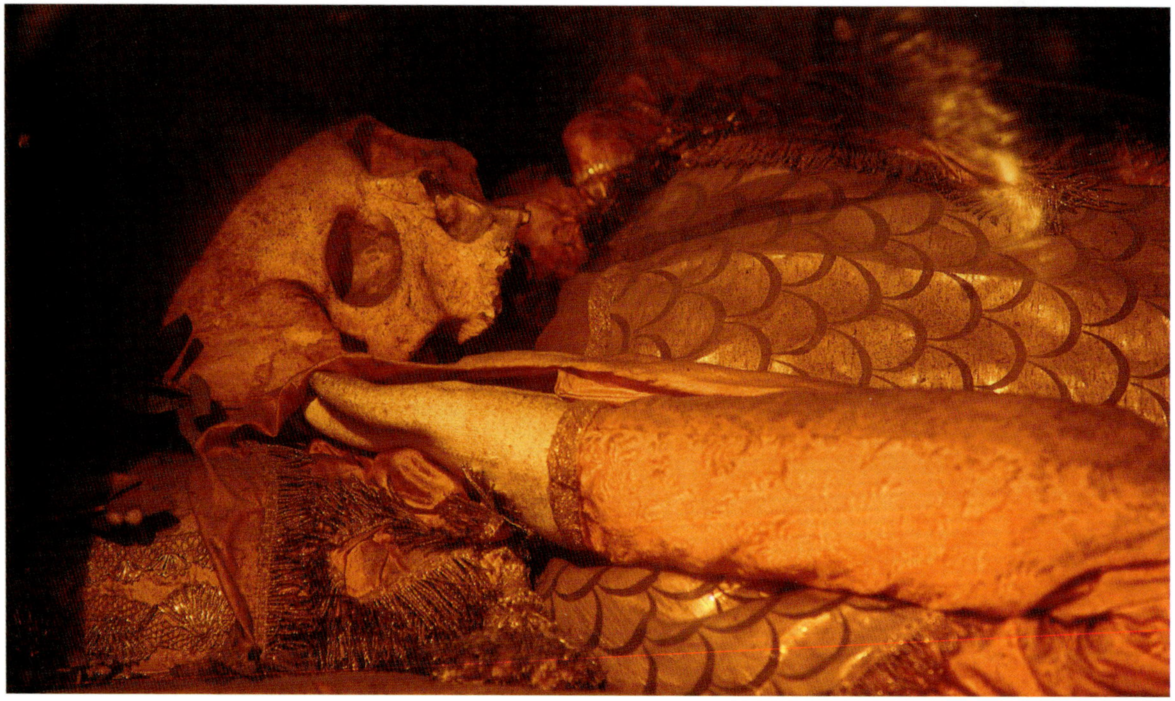

Eine Seitenkapelle der kleinen Kirche San Giovanni Decollato beherbergt diese Reliquiensammlung.

Die letzten Sonnenstrahlen treffen Salò vor der imposanten Kulisse des Monte Baldo.

Im Zentrum von Saló steht die Statue von San Carlo, dem Schutzpatron der Stadt.. ➜

Das Uhrentor, Porta dell'Orologio, ist ein altes Stadttor.

Der Wiener Künstler André Heller besitzt seit einigen Jahren den Giardino Botanico Hruska in Gardone. ➜➜

VIA
S. CARLO
Antichità

Phantasievolle Pflanzenformationen im Giardino Botanico …

… dazu Skulpturen des amerikanischen Künstlers Keith Haring …

… mystische Figuren aus dem Fernen Osten …

… und wild wuchernde exotische Pflanzen.

Der Giardino Botanico war ursprünglich das Werk des Innsbrucker Arztes Arthur Hruska.

← →

In Gardone, im Vittoriale degli Italiani, steht das einstige Wohnhaus des Dichters Gabriele D'Annunzio – ein ziemlich eigenwilliges Anwesen des exzentrischen Künstlers.

Eine elegante Villa am See in Maderno, im Hintergrund ein dichter Zypressenwald.
Das Westufer gilt wegen seines mediterranen Ambientes als die schönste Ecke des Gardasees.

Auch in der kleinen Ortschaft Maderno gibt es eine lange Uferpromenade. Und wie in Salò heißt sie Lungolago Zanardelli. Vom Hafen gibt es eine Fährverbindung zum Ostufer.

Die Kirche Sant'Andrea im Zentrum von Maderno birgt in ihrem Inneren aufwendige und großflächige Wandmalereien aus dem 15. Jahrhundert.

Der Bau selbst stammt aus dem 12. Jahrhundert – eines der schönsten romanischen Gotteshäuser in der Region. ➜

alligator
TAKITARO II

Die Kirche San Martino dominiert das Stadtbild von Gargnano.

← Gargnano ist noch immer ein Geheimtipp für Besucher des Gardasees.

Ob einige dieser Bootsbesitzer wohl auch an der »Centomiglia«, einer internationalen Segelregatta, die in Bogliaco, einem kleinen Örtchen der Gemeinde Gargnano, startet, teilnehmen?

Über eine steile Serpentinenstraße erreicht man den kleinen Ort Pieve. ➜

Die malerische Ortschaft Pieve sitzt weit oberhalb des Sees wie ein Aussichtspunkt auf einem schmalen Vorsprung über einem senkrechten Felsabbruch.

Von Pieve genießt man eine atemberaubende Aussicht auf das winzige Campione fast 500 Meter unterhalb.

Nicht weit vom Gardasee entfernt liegt der Lago d'Idro zwischen schroffen Bergen. ➔

Eine Gruppe von Segelbooten vor mächtigen, fast senkrechten Felswänden: vor allem für den nördlichen Bereich am Westufer eine sehr charakteristische Szenerie.

Die Uferstraße Gardesana in der Gegend von Limone ist zwar landschaftlich äußerst reizvoll – doch mit ihren zahllosen Kurven und Tunnels fordert sie von dem, der sie befährt, volle Konzentration.

Über die Schaumkronen auf dem See geht der Blick zum verschneiten Monte Baldo.

5., überarbeitete und erweiterte Auflage

www.rosenheimer.com

Texte: Georg Weindl, Rosenheim
Kartenskizze Seite 4/5: Sebastian Schrank, München
Layout & Satz: BuchBetrieb Peggy Sasse, Leipzig
Bildbearbeitung: Fotoweitblick Raphael Lichius, Bad Aibling
Druck und Bindung: FIRMENGRUPPE APPL, aprinta druck, Wemding
Printed in Germany

ISBN 978-3-475-54557-3